Μικρές Ιστορίες
σε Απλά Ελληνικά

Το μοντέλο που ήξερε πολλά

Το modelo pou ixere pola

εκδόσεις δέλτος

Τίτλος πρωτοτύπου: Modelle, pistole e mozzarelle
Συγγραφείς: A. de Giuli, C.M. Naddeo
Ελληνικός Τίτλος: Το μοντέλο που ήξερε πολλά
Μετάφραση: Roberta Teo
Διασκευή: Κλεάνθης Αρβανιτάκης
© Copyright Ε. Αρβανιτάκη και Σία Ο.Ε. για τη διασκευή
στα ελληνικά σε συνεννόηση με τις εκδόσεις ALMA,
Φλωρεντία
ISBN 978-960-7914-07-1
1η Έκδοση: Οκτώβριος 1999
7η Ανατύπωση: Σεπτέμβριος 2021

Επιμέλεια έκδοσης: Φρόσω Αρβανιτάκη
Εξώφυλλο και μεγάλα σκίτσα: Κλεάνθης Αρβανιτάκης
Μικρά σκίτσα για λεξιλόγιο: Στέλιος Σκουρλής
Σελιδοποίηση: Ελένη Σγόντζου
Εκτύπωση και βιβλιοδεσία: ΦΩΤΟΛΙΟ Α.Ε.

Εκδόσεις ΔΕΛΤΟΣ
Πλαστήρα 69, 17121 Νέα Σμύρνη, Ελλάς
tel: +30210«9322393 e-mail: info@deltos.gr www.deltos.gr
DELTOS Publishing
69 Plastira St., 17121 Nea Smyrni, Athens, GR

Λίλιαν Τόμας

«Λέγομαι Λίλιαν Τόμας.»

Η **πενηντάχρονη** γυναίκα που στέκεται μπροστά στον ιδιωτικό ντετέκτιβ Αντώνη Κούρτη, έχει έρθει στο γραφείο του χωρίς ραντεβού. Είναι ένα κρύο πρωινό του Νοέμβρη, 9.30 η ώρα. Ο Κούρτης καπνίζει ένα πουράκι και **παρατηρεί** την καινούρια του πελάτισσα, μια πολύ όμορφη γυναίκα ακόμα, ψηλή και αδύνατη με μακριά ξανθά μαλλιά και μάτια γαλάζια σαν τη θάλασσα.

«Είστε Αγγλίδα;» τη ρωτάει.

«Αμερικανίδα. Από τη Νέα Υόρκη.»

«Αμερικανίδα. Χμ... Κάθε φορά που ακούω 'Αμερικανός' θυμώνω» λέει ο Κούρτης.

«Γιατί; Είστε κομμουνιστής;»

«Όχι, απλώς αγαπώ την καλή κουζίνα... να, κοιτάξτε.» Και ο ντετέκτιβ τής δείχνει το McDonald's στο απέναντι κτήριο. «Τι βλέπετε;»

«Βλέπω ένα McDonald's. Και λοιπόν;»

«Ο κόσμος σήμερα δεν ξέρει να φάει» εξηγεί ο Κούρτης. «Η παλιά καλή κουζίνα θα είναι μια ωραία **ανάμνηση** σε λίγα χρόνια. Και γι' αυτό θα φταίνε τα McDonald's σας. Εδώ στην Αθήνα έχουμε γεμίσει

πενηντάχρονος κάποιος που είναι πενήντα χρονών
παρατηρώ κοιτάζω με προσοχή
ανάμνηση, η κάτι που θυμάμαι

παντού φαστφουντάδικα. Οι παλιές ταβέρνες χάνονται σιγά σιγά... Λοιπόν, για δουλειά βρίσκεστε στην Ελλάδα;»
«Όχι, ήρθα για την κόρη μου.»
«Χμ... **μπελάς** τα παιδιά.»
«Την κόρη μου τη λένε Μάργκαρετ. Μάργκαρετ Ξανθάκη. Ο πατέρας της ήταν Έλληνας. Πέθανε όταν η Μάργκαρετ ήταν ακόμα παιδί. Μετά τον θάνατό του μείναμε στην Αμερική και συνεχίσαμε τη ζωή μας, μια κανονική ζωή. Όταν η Μάργκαρετ έγινε είκοσι χρονών, ήρθε στην Ελλάδα. Βρήκε δουλειά εδώ στην Αθήνα. Δούλευε μοντέλο σ' ένα γνωστό **οίκο μόδας.** Φαινόταν ευχαριστημένη και στην αρχή μου τηλεφωνούσε συχνά. Αλλά μετά...»
«Μετά **εξαφανίστηκε**» τη διέκοψε ο Κούρτης.
«Ναι. Πώς το καταλάβατε;»
«Σας είχε πει πού ακριβώς δούλευε;»
«Μου είχε μιλήσει για κάποιον Καπλάνη, **σχεδιαστή μόδας**, ο οποίος φέτος το φθινόπωρο έκανε κάποια παράξενη κολεξιόν ασιατικού στιλ... Δεν ξέρω τίποτε άλλο δυστυχώς.»
Ο Κούρτης σηκώνεται και παίρνει ένα μπουκάλι ρακή από τη βιβλιοθήκη. Αυτά που του λέει η γυναίκα έχουν ενδιαφέρον αλλά έχει κάτι παράξενο επάνω της. Ίσως η ομιλία της, ο τρόπος της, ο τόσο **ψυχρός**...
«Θέλετε ένα ποτηράκι **ρακή**;»

μπελάς, ο πρόβλημα
οίκος μόδας, ο εκεί που φτιάχνουν πολύ ακριβά ρούχα
εξαφανίζομαι (αόριστος: εξαφανίστηκα) χάνομαι

σχεδιαστής μόδας, ο αυτός που φτιάχνει ακριβά ρούχα
ψυχρός κρύος
ρακή, η ένα είδος δυνατού ούζου

«Όχι, ευχαριστώ.»

«Κρίμα, και είναι εξαιρετική κρητική ρακή... Ο μπάρμαν στο μπαράκι που πηγαίνω, λέει ότι το καλύτερο ποτό είναι το κονιάκ αλλά... άσ' τον να λέει. Εγώ προτιμώ τη ρακή...»

«Κύριε Κούρτη, δεν ήρθα από τη Νέα Υόρκη ώς εδώ για κουβεντούλα.»

Η γυναίκα βγάζει από την τσάντα της μια φωτογραφία που δείχνει ένα ξανθό κορίτσι με κοντά μαλλιά και του τη δίνει.

«Αυτή εδώ είναι μια φωτογραφία της Μάργκαρετ. Ελπίζω να σας είναι χρήσιμη για τις έρευνές σας. Και αυτά εδώ είναι είκοσι χιλιάδες. Στο τέλος, φυσικά, θα πάρετε κι άλλα. Τα λεφτά, ξέρετε, δεν είναι πρόβλημα.»

Είκοσι χιλιάδες σκέφτεται ο Κούρτης. *Είναι πολλά. Πάρα πολλά.*

«Λοιπόν, δέχεστε;» ρωτάει η γυναίκα.

«Σύμφωνοι. Θα σας πάρω μόλις έχω κάποιες πληροφορίες.»

Στο ατελιέ του Καπλάνη

Κολωνάκι. Οδός Αναγνωστοπούλου, στην καρδιά της Αθήνας. Ένας δρόμος με ακριβά μαγαζιά και ατελιέ υψηλής μόδας. Ο Καπλάνης, από τους πιο **διάσημους**

διάσημος πολύ γνωστός

και **πρωτότυπους** σχεδιαστές της Αθήνας, έχει το ατελιέ του στον πρώτο όροφο μιας πολυκατοικίας.

Ο Κούρτης φτάνει κατά τις τέσσερις το απόγευμα και βρίσκει την πόρτα ανοιχτή.

Η γραμματέας, ένα συμπαθητικό μελαχρινό κορίτσι, του χαμογελάει.

«Καλησπέρα σας.»

«Καλησπέρα. Θα ήθελα να δω τον κύριο Καπλάνη.»

«Έχετε ραντεβού;»

«Εσείς τι λέτε;»

«Μάλλον όχι. Δεν θυμάμαι να σας έχω ξαναδεί.»

«Πράγματι, δεν έχω ξανάρθει. Αντώνης Κούρτης.»

«Περιμένετε ένα λεπτό, παρακαλώ.»

Η γραμματέας σηκώνει το ακουστικό, μιλάει με κάποιον και μετά σηκώνεται.

«Ελάτε μαζί μου» του λέει.

Ο Κούρτης την ακολουθεί. Είναι ψηλότερη απ' ό,τι νόμιζε. Όπως προχωράνε, παρατηρεί ότι τα δωμάτια του διαμερίσματος είναι γεμάτα με ακριβούς πίνακες, **γλυπτά**, παλιά και μοντέρνα έπιπλα.

Πρέπει νά 'ναι πολύ πλούσιος αυτός ο Καπλάνης σκέφτεται.

«Ψάχνετε για κάτι;» ρωτάει το κορίτσι.

«Γιατί ρωτάτε;»

πρωτότυπος που δεν είναι σαν κανέναν άλλον
γλυπτό, το άγαλμα

«Έτσι. Έχετε το ύφος ανθρώπου που ψάχνει για κάτι ή για κάποιον. Μήπως κάνω λάθος;»
«Όχι, δεν κάνετε λάθος. Ψάχνω να βρω ένα μανεκέν.»
«Καλά το κατάλαβα. Εγώ ξέρετε πολύ σπάνια κάνω λάθος.»
Αυτή η κοπέλα φαίνεται έξυπνη. Και της αρέσει να πιάνει κουβέντα. Ίσως να μάθω κάτι απ' αυτήν.
«Μήπως γνωρίζετε αυτή την κοπέλα;» τη ρωτάει και της δείχνει τη φωτογραφία. «Τη λένε Μάργκαρετ.»
«Μάργκαρετ» **επαναλαμβάνει** η γραμματέας. «Μάργκαρετ... Όχι δεν την ξέρω, δε νομίζω... Εδώ έρχονται πολλά κορίτσια, ξέρετε. Δεν μπορεί να τις θυμάται κανείς όλες. Να, τώρα που μιλάμε, δουλεύουν για το ατελιέ δέκα μανεκέν. Όμως είναι σχεδόν όλες από την Ασία και δεν υπάρχει καμία Μάργκαρετ. Ορίστε, φτάσαμε.»
Ο Κούρτης με τη γραμματέα μπαίνουν σε μια μεγάλη αίθουσα. Στο κέντρο της πηγαινοέρχονται διάφορα μανεκέν, μπροστά σε ένα μάλλον χοντρό άντρα με κατσαρά μαλλιά. Τα μανεκέν είναι όλα ψηλές και **πανέμορφες** κοπέλες. Περπατάνε με πολλή χάρη και φοράνε χρωματιστά, **φανταχτερά** φορέματα. Ο χοντρός κύριος **πλησιάζει** τον Κούρτη:
«Σας αρέσουν;» τον ρωτάει.
«Πολύ ωραίες γυναίκες, πράγματι.»

επαναλαμβάνω ξαναλέω
πανέμορφος πολύ όμορφος
φανταχτερός με πολύ δυνατά χρώματα
πλησιάζω πηγαίνω κοντά

«Για να είμαι ειλικρινής, ρωτούσα για τα φορέματα. Αλλά δεν πειράζει. Καπλάνης. Σε τι μπορώ να σας **εξυπηρετήσω;**»

«Ψάχνω για μια κοπέλα που τη λένε Μάργκαρετ. Είναι Αμερικάνα και είναι ξανθιά.»

«Δε νομίζω ότι μπορώ να σας βοηθήσω. Εδώ και κάποιο καιρό δουλεύω μόνο με κοπέλες από Ινδονησία, Ταϋλάνδη και Σιγκαπούρη, γιατί το στιλ τους είναι πιο κοντά στο στιλ των ρούχων που σχεδιάζω τελευταία. Ελάτε, πάμε στο γραφείο μου να μιλήσουμε.»

Μια πρόσκληση

Το γραφείο του Καπλάνη είναι ένα μικρό, σχεδόν, άδειο δωμάτιο. Δεν υπάρχουν καρέκλες, ούτε πολυθρόνες ούτε καναπέδες. Μόνο ένα ωραίο χαλί στο πάτωμα. Παράξενο γραφείο, αλήθεια.

«Περάστε» λέει στον Κούρτη.

«Μήπως **σας βρίσκεται** μια καρέκλα;»

«Θα κάτσουμε στο χαλί, είναι πιο άνετα. Είναι **περσικό**, ξέρετε. **Πανάκριβο.**»

Παράξενος τύπος σκέφτεται ο Κούρτης.

«Αυτή είναι η αίθουσα των σημαντικών αποφάσεων. Έρχομαι εδώ όταν θέλω να σκεφτώ. Αλλά για πείτε μου, κύριε ε...»

εξυπηρετώ (θα/να εξυπηρετήσω) βοηθώ
μου βρίσκεται έχω
περσικός από την Περσία (το Ιράν)
πανάκριβος πολύ ακριβός

«Κούρτης.
«Κύριε Κο»ύρτη, αυτή η κοπέλα που ψάχνετε είναι συγγενής σας;»
«Όχι.»
«Τότε γιατί την...;»
«Επειδή πληρώνομαι γι' αυτό. Είμαι ντετέκτιβ.»
«Ντετέκτιβ... Ενδιαφέρον... Μ' αρέσουν πολύ τα αστυνομικά μυθιστορήματα. Εσάς, σας αρέσουν;»
«Μάλλον όχι. Εγώ συνήθως διαβάζω βιβλία μαγειρικής.»
Ο Καπλάνης βάζει τα γέλια.
«Έχετε πολύ χιούμορ, κύριε Κούρτη.»
«Κοιτάξτε, πιστεύω ότι η καλή κουζίνα είναι μια πολύ σοβαρή **υπόθεση.** Στην πατρίδα μου λέμε ότι το να ξέρεις να τρως θέλει **μεράκι**. Λοιπόν, αν κατάλαβα καλά, εσείς δε γνωρίζετε αυτή τη Μάργκαρετ.»
«Όχι, δεν τη γνωρίζω.»
Ο Κούρτης σηκώνεται:
«Με συγχωρείτε αλλά πρέπει να πηγαίνω, έχω πολλές δουλειές ακόμα.»
«Περιμένετε, μού 'ρθε μια ιδέα. Ελάτε στην αυριανή **επίδειξη μόδας**, στο ξενοδοχείο Κάραβελ. Θα **παρουσιάσω** την καινούργια μου δουλειά και θα έχει πολύ κόσμο. Ίσως να μπορέσετε να μάθετε κάτι για την κοπέλα που ζητάτε. Να σας δώσω μια πρόσκληση. Ορίστε. Έχετε πάει ποτέ σε επίδειξη μόδας;»

υπόθεση, η θέμα
μεράκι, το κέφι
επίδειξη μόδας, η παρουσίαση καινούργιων ρούχων
παρουσιάζω (θα/να παρουσιάσω) δείχνω

«Όχι.»
«Α, θα **το διασκεδάσετε** πολύ. Θα δείτε.»

Τι κρύβει ο Καπλάνης;

Λίγο αργότερα, βγαίνοντας από το ατελιέ, ο Κούρτης χαιρετάει αφηρημένα τη γραμματέα που του χαμογελάει.
Έξω ο ήλιος σιγά σιγά χάνεται και ο ουρανός έχει πάρει ένα γλυκό ροζ χρώμα. Φυσάει. Ο αέρας είναι κρύος. Έχει πολύ κόσμο στους δρόμους. Είναι η ώρα που όλοι γυρνάνε σπίτι τους μετά από μια ολόκληρη μέρα δουλειάς. Ο Κούρτης πάει προς το αυτοκίνητό του. Η συνάντηση με τον σχεδιαστή δεν του ήταν πολύ χρήσιμη, τελικά. Καμιά σημαντική πληροφορία, κανένα **ίχνος** από το κορίτσι. Μόνο ανόητες κουβέντες.
Περίεργος τύπος αυτός ο σχεδιαστής σκέφτεται πάλι. Κάτι δεν του άρεσε, αλλά τι; Τελικά, το βρήκε: παραήταν φιλικός μαζί του. Και η **πείρα** του τού είχε μάθει ότι όταν παραείσαι φιλικός με κάποιον, κάτι θέλεις να κρύψεις. Αλλά τι του έκρυβε ο Καπλάνης; Ίσως κάτι που δεν πρέπει να γίνει γνωστό. Ίσως κάτι που έχει σχέση με τη Μάργκαρετ... Αλλά αν είναι έτσι, γιατί να τον καλέσει στην επίδειξη μόδας;

το διασκεδάζω (θα/να διασκεδάσω) περνάω καλά
ίχνος, το σημάδι
πείρα, η όλα αυτά που έχουμε μάθει στη ζωή μας

Ο τίτλος μιας εφημερίδας που διαβάζει καθώς περνάει βιαστικά δίπλα από ένα περίπτερο, τον βγάζει από αυτές τις σκέψεις.

ΜΕΓΑΛΟ ΣΚΑΝΔΑΛΟ ΣΤΟ ΚΡΑΤΙΚΟ ΛΑΧΕΙΟ.

Γιατί οι τίτλοι των εφημερίδων πρέπει να είναι πάντα **δυσάρεστοι;**

Ένα ουζάκι με μεζέ

Στις εννιάμισι φτάνει σπίτι του.

Ωραίο το Κολωνάκι, σκέφτεται, με τα ακριβά μαγαζιά του, τους **πεζόδρομους**, *τα καφέ του και τον κόσμο που κάθεται ή* **χαζεύει** *τις βιτρίνες. Αλλά τι κίνηση, τι φασαρία! Και τι* **καυσαέρια**!

Νιώθει κουρασμένος και, όπως πάντα, όταν γυρίζει σπίτι του αυτή την ώρα, πάει **κατευθείαν** στο ψυγείο. Το **θέαμα** δεν **τον συγκινεί** ιδιαίτερα: τρία αβγά, λίγη φέτα, μία πιπεριά, δύο κρεμμύδια, δυο τρεις ντομάτες, μισό αγγούρι και ένα μπουκάλι με λίγο ούζο. Στο τραπέζι, λίγο χθεσινό ψωμί και μισό περίπου μπουκάλι κόκκινο κρασί.

Ξέχασα πάλι να ψωνίσω. Τέλος πάντων. Θα ετοιμάσω κάτι ελαφρύ. Ίσως μια ομελέτα με πιπεριά και κρεμμύδι. Μπορώ να βάλω και λίγη φέτα. Ναι. Όμως πρώτα θα

δυσάρεστος όχι ευχάριστος
πεζόδρομος, ο δρόμος χωρίς αυτοκίνητα
χαζεύω κοιτάζω
καυσαέρια, τα τα αέρια που βγάζει ένα αυτοκίνητο
κατευθείαν αμέσως
θέαμα αυτό που βλέπω
με συγκινεί με κάνει χαρούμενο ή λυπημένο

πιω ένα ουζάκι με μεζέ. Λίγη ντοματούλα, καμιά ελίτσα, φέτα με ρίγανη και λάδι, λίγο αγγουράκι. Αλλά όλα αυτά χωρίς ελληνική μουσική, δε γίνεται. Για να δούμε τι παίζει το ραδιόφωνο. Νταλάρας. Φοβερή φωνή.

Καθώς ετοιμάζει το βραδινό του, τραγουδάει. Είναι χαρούμενος, του αρέσει να μαγειρεύει.

Η ώρα είναι έντεκα.

Το ραδιόφωνο **εξακολουθεί** να παίζει. Το φαγητό ήταν **καταπληκτικό** και το κόκκινο κρασί ό,τι έπρεπε. Ξαπλωμένος στον καναπέ του μικρού σαλονιού του, ο Κούρτης **μισοκλείνει** τα μάτια. Χίλιες δυο εικόνες περνάνε από το μυαλό του. Η Λίλιαν Τόμας, τα όμορφα μοντέλα, ο Καπλάνης, τα πανάκριβα χαλιά του, το πρόσωπο μιας ξανθιάς κοπέλας με κοντά μαλλιά... και, ξαφνικά, το τηλέφωνο που χτυπά, **διακόπτει** τις σκέψεις του... *Τηλέφωνο τέτοια ώρα; Ποιος μπορεί να είναι;*

«Εμπρός;»

«Ο κύριος Κούρτης;»

«Ο ίδιος. Ποιος είναι;»

«Ένας φίλος που έχει να σου δώσει μια **πολύτιμη** συμβουλή: αν δεν θέλεις νά 'χεις φασαρίες, μείνε έξω απ' τον κόσμο της μόδας.»

«Δεν κατάλαβα;»

«Άκουσες πολύ καλά. Καληνύχτα.»

εξακολουθώ συνεχίζω
καταπληκτικός θαυμάσιος, εξαιρετικός
μισοκλείνω κλείνω λίγο
διακόπτω σταματώ
πολύτιμος που έχει μεγάλη αξία

Στην επίδειξη μόδας

Η μεγάλη αίθουσα δεξιώσεων του ξενοδοχείου Κάραβελ είναι γεμάτη από κόσμο. Ακριβά φορέματα, σκούρα κοστούμια, δημοσιογράφοι, φωτογράφοι, τηλεκάμερες...

Σε λίγη ώρα, θα αρχίσει η επίδειξη μόδας του γνωστού σχεδιαστή Καπλάνη.

Ο Κούρτης κάθεται μόνος του, σε μια **αναπαυτική** πολυθρόνα.

Λίγο νωρίτερα, στο πάρκινγκ του ξενοδοχείου, όταν έφτασε με το "φιατάκι" του, ο **παρκαδόρος** τον κοίταξε καλά καλά. Ο Κούρτης, χωρίς να πει κουβέντα, του έδειξε την πρόσκληση και πάρκαρε το **σαραβαλάκι** του δίπλα στις λιμουζίνες των άλλων καλεσμένων.

Αποφάσισε να πάει για να καταλάβει τι, επιτέλους, γίνεται, τι τρέχει σ' αυτόν τον μάλλον μυστηριώδη κόσμο της μόδας με τους παράξενους ανθρώπους.

Η επίδειξη αρχίζει. Τα μανεκέν πηγαινοέρχονται στην **πασαρέλα,** άλλοτε με αργούς ρυθμούς και άλλοτε με γρήγορους. Φοράνε πολύχρωμα φορέματα, σακάκια, φούστες μακριές, φούστες μίνι, πουκάμισα, **παντελόνες...** Κινούνται με χάρη, σαν ν' ακολουθούν τα βήματα κάποιας χορογραφίας, γυρίζουν γύρω από τον

αναπαυτικός άνετος
παρκαδόρος, ο αυτός που παρκάρει τα αυτοκίνητα στο πάρκινγκ
σαραβαλάκι, το παλιό μικρό αυτοκίνητο

πασαρέλα, η εκεί που περπατάνε τα μοντέλα σε μια επίδειξη μόδας
παντελόνα, η φαρδύ παντελόνι που θυμίζει φούστα

Kaplanis
SUMMER

εαυτό τους, στέκονται, χαμογελάνε. Το κοινό είναι κυρίως γυναίκες. Από τις πιο πλούσιες και γνωστές στην "υψηλή" αθηναϊκή κοινωνία, πολύ καλοντυμένες, με ψηλά τα μαλλιά και πιο ψηλά τη μύτη. Μιλάνε για τα φορέματα που βλέπουν και ζητάνε να μάθουν τις τιμές. Τα φλας των φωτογράφων δεν σταματάνε ούτε στιγμή. Στο τέλος, ανεβαίνει στην πασαρέλα ο ίδιος ο Καπλάνης και χαιρετά τους καλεσμένους του. Όλοι, κόσμος και μανεκέν, χειροκροτούν.
«Ευχαριστώ, ευχαριστώ... Ήσασταν όλοι θαυμάσιοι. Ας περάσουμε στην αίθουσα Βεργίνα για ένα ποτό.»
Πάνω στην ώρα... και διψούσα σκέφτεται χαρούμενα ο Κούρτης.

Άσπρη σκόνη

Βγαίνει και στέκεται ν' ανάψει ένα πουράκι. Έτσι κι αλλιώς δε βιάζεται. Είναι ευχαριστημένος: το **σμόκιν** τού πάει πολύ. Βέβαια του είναι λίγο στενό, το είχε πάρει πριν από αρκετά χρόνια, όταν ήταν πιο νέος και πιο αδύνατος. *Δεν πρέπει να κάνω απότομες κινήσεις* σκέφτεται καθώς ψάχνει την αίθουσα... *Βεργίνα, δεν την είπε; Μα πού στον διάολο είναι;*
«Γεια σου, γλυκέ μου. Τι έγινε; Χάθηκες;»

σμόκιν, το μαύρο βραδινό κοστούμι

Το ψηλό κορίτσι που βγήκε από την πόρτα είναι πολύ όμορφο. Πρέπει να είναι ένα από τα μανεκέν του Καπλάνη.

«Ψάχνω την αίθουσα Βεργίνα. Θέλω να πιω κάτι.»

«Εδώ πάντως είναι η τουαλέτα. Μάλλον δε θα βρεις τίποτα να πιεις.»

Τι βραχνή και παράξενη φωνή...

Τα μάτια της είναι κόκκινα και οι **κόρες** τους τεράστιες. Φαίνεται πολύ νευρική. Ο Κούρτης αφηρημένος παρατηρεί την άσπρη σκόνη στα λεπτά χέρια της.

«Λοιπόν; Τι θα κάνεις; Θα μπεις ή θα βγεις;»

Κοκαΐνη, σκέφτεται και κλείνει την πόρτα. Τι **θλιβερό** θέαμα. Μπορεί και η Μάργκαρετ να είναι έτσι, όπως αυτή η κοπέλα. Μπορεί να έμπλεξε με ναρκωτικά. Μα τότε, τι πιθανότητες έχει να τη βρει ζωντανή;

Όταν μπαίνει στην αίθουσα Βεργίνα, οι περισσότεροι καλεσμένοι είναι ήδη γύρω από το τεράστιο τραπέζι με τα ποτά. Τέσσερις σερβιτόροι σερβίρουν συνέχεια. Στο βάθος της αίθουσας ένας DJ προσπαθεί να φτιάξει ατμόσφαιρα για όλα τα γούστα, πράγμα δύσκολο. Ο κόσμος πίνει, συζητάει, γελάει. Ο Καπλάνης στέκεται δίπλα σ' έναν ψηλό άντρα με λίγα μαλλιά και **μούσι.** Χαμογελάει. Γύρω τους φωτογράφοι. Μοιάζει να είναι σημαντικό πρόσωπο αυτός ο ψηλός.

κόρη, η το σκούρο κέντρο του ματιού
θλιβερός που σε κάνει να λυπάσαι

μούσι, το 

*Κάπου τον έχω συναντήσει αυτόν τον άνθρωπο, σκέφτεται
ο Κούρτης, αλλά δεν θυμάμαι πού.*

Πλησιάζει το τραπέζι με τα ποτά για ένα ουίσκι αλλά
έχει ένα παράξενο αίσθημα. Σαν να είναι κάποιος πίσω
του, σαν να παρακολουθούν τις κινήσεις του. Γυρίζει
αλλά δεν βλέπει κανέναν.

*Ιδέα μου θά 'ναι σκέφτεται. Μετά από το χθεσινοβρα-
δινό τηλεφώνημα.*

«Σας άρεσε η επίδειξη, κύριε Κούρτη;»

Το συμπαθητικό κορίτσι που είχε γνωρίσει χτες στο ατε-
λιέ, η γραμματέας, του χαμογελούσε. Ο Κούρτης πρό-
σεξε ότι είχε ωραία δόντια.

«Πώς; Ναι, βέβαια... ενδιαφέρουσα εμπειρία, πραγμα-
τικά.»

«Ξέρετε κάτι; Χαίρομαι πολύ που σας ξαναβλέπω.»

«Κι εγώ χαίρομαι που σας ξαναβλέπω. Άρχισα να βα-
ριέμαι λίγο εδώ πέρα. Ο πολύς κόσμος με κουράζει.»

«Τότε ας βγούμε έξω. Έχω κάτι σημαντικό να σας πω.»

*Άλλο πάλι τούτο... Τι μπορεί να θέλει το κορίτσι απ' αυτόν;
Καμιά ερωτική περιπέτεια; Μπα. Δεν μπορεί.* **Της πέφτω**
*πολύ μεγάλος. Αυτή είναι, δεν είναι είκοσι δύο χρονών.
Ίσως να θέλει να μου μιλήσει για τη Μάρ«γκαρετ.*

μου πέφτει είναι για μένα

Μαρινέλα

Μόλις βγαίνουν από το ξενοδοχείο, τους χτυπάει το παγωμένο αεράκι στο πρόσωπο.

«Λοιπόν;» ρωτάει ο Κούρτης. «Τι έχετε να μου πείτε;»

«Να μιλάμε καλύτερα στον ενικό; Τι λες;»

«Σύμφωνοι. Πώς σε λένε;»

«Μαρινέλα.»

«Μαρινέλα; Όπως η τραγουδίστρια;»

«Ναι. Οι γονείς μου τη **λατρεύουν**.»

«Καλά κάνουν. Εμένα με λένε Αντώνη.»

«Το ξέρω.»

«Πώς το ξέρεις;»

Το κορίτσι χαμογελάει. Της πάει.

«Μου τό 'πες χτες στο ατελιέ. Δε θυμάσαι;»

«Όχι. Συνήθως θυμάμαι μόνο αυτά που μου λένε.»

«Λοιπόν, άκου. Γνωρίζω κάποιο πρόσωπο που ξέρει πολλά γι' αυτή την Αμερικάνα που γυρεύεις. Μια φίλη της, για την ακρίβεια.»

«Χμ... ενδιαφέρον. Και πού θα τη βρω;»

«Μπορούμε να πάμε τώρα αν θες. Δεν είναι μακριά.»

«Και η δεξίωση;»

«Άρχισα να βαριέμαι λίγο εδώ πέρα... Ο πολύς κόσμος με κουράζει'. Δε νομίζω ότι είναι δικά μου λόγια αυτά... Λοιπόν; Πάμε να πάρουμε το αυτοκίνητό μου;»

λατρεύω αγαπάω πάρα πολύ

Λίγο αργότερα βρίσκονται στη Βασιλέως Κωνσταντίνου. Η Μαρινέλα οδηγεί με **απίστευτη** ταχύτητα.

«Έτσι οδηγείς πάντα;»

«Φοβάσαι;»

«Όχι, αλλά δε θά 'θελα να περάσω το βράδυ μου στο τμήμα. Έχει πολλούς **τροχονόμους** στους δρόμους τέτοια ώρα.»

«Μην ανησυχείς, δεν θα μας προλάβουν» του απαντάει η Μαρινέλα και του κλείνει το μάτι. «Το **αμάξι** μου είναι πολύ γρήγορο.»

«Αυτό ακριβώς με ανησυχεί...»

Πριν μπει στην Καλλιρόης, στα φανάρια στρίβει αριστερά και μπαίνει στη λεωφόρο Βουλιαγμένης. Το αυτοκίνητο με όλο και μεγαλύτερη ταχύτητα, αφήνει το κέντρο και **κατευθύνεται** προς την παραλία. Επιτέλους, έπειτα από είκοσι λεπτά περίπου μπαίνουν δεξιά σ' ένα δρομάκι και σταματούν.

«Εδώ είμαστε. Κατέβα και περίμενέ με εκεί, μπροστά σ' εκείνο το κτήριο. Εγώ πάω να παρκάρω.»

«Εντάξει. Να σου πω την αλήθεια, δεν πίστευα ότι θα φτάσω ζωντανός ώς εδώ.»

Ο Κούρτης κατεβαίνει. Μετά από την τρελή αυτή κούρσα, αισθάνεται ωραία που περπατάει με τα δυο του πόδια, που παίρνει μέσα του τον κρύο αέρα της θάλασσας, που κοιτάζει τα άστρα στον ουρανό...

απίστευτο που δεν μπορείς να το πιστέψεις
τροχονόμος, ο αστυνομικός που παρακολουθεί τα αυτοκίνητα
αμάξι, το αυτοκίνητο
κατευθύνομαι πηγαίνω προς

Σταματάει μπροστά στο σκοτεινό, λευκό κτήριο. Του είπε να την περιμένει εδώ. *Μα πού είναι αυτή η κοπέλα; Έχουν ήδη περάσει δέκα λεπτά...*

Ακούει βήματα...

«Εσύ είσαι, Μαρινέλα;»

Δεν πρόλαβε ν' ακούσει την απάντηση. Οι **γροθιές** πέφτουν η μία μετά την άλλη. Πέφτει κάτω, το πρόσωπό του μέσα στα αίματα.

«Σού 'χαμε πει να προσέχεις» λέει ο ένας από τους δύο τύπους. «Αλλά εσύ δεν άκουσες τη συμβουλή μας. Ίσως τώρα να γίνεις πιο προσεχτικός.»

Ύστερα, μέσα στην ησυχία της νύχτας, ο θόρυβος μιας μηχανής που ξεκινούσε. Οι δύο άντρες εξαφανίστηκαν μέσα στο σκοτάδι.

Ο ντετέκτιβ σηκώνεται. Το ένα του μάτι είναι ήδη **μαυρισμένο** και ο αριστερός ώμος του φωτιά. Τίποτε σοβαρό, ευτυχώς. 'Συνηθισμένα τα βουνά στα χιόνια', όπως έλεγε και ο πατέρας του. Και η Μαρινέλα; Πουθενά. **Είχε γίνει καπνός.** *Είμαι **ηλίθιος*** λέει και ξαναλέει καθώς γυρίζει με τα πόδια προς τη λεωφόρο Βουλιαγμένης για να βρει ταξί.

γίνομαι καπνός εξαφανίζομαι

ηλίθιος βλάκας

μαυρισμένο

γροθιά, η

Ένα σημείωμα από μια φίλη

Το επόμενο πρωί ξυπνάει με πονοκέφαλο. Νιώθει κουρασμένος. Για να φτάσει σπίτι του χθες το βράδυ, χρειάστηκε να περπατήσει αρκετά. Τον είχε πάει στην άλλη άκρη της πόλης εκείνο το κορίτσι. Ωραία του την είχε φέρει, πάντως! Ίσως να την έβρισκε στο ατελιέ. Μα ήταν στ' αλήθεια γραμματέας;
Μετά από ένα ζεστό μπάνιο κι έναν δυνατό καφέ, αισθάνθηκε καλύτερα. Μια ώρα αργότερα, όταν ο Κούρτης φτάνει στην οδό Αναγνωστοπούλου, έχει πάει μεσημέρι. Ο ήλιος δεν είναι ζεστός αλλά λάμπει ψηλά στον ουρανό. Παρκάρει λίγο πιο πάνω, ρίχνει ό,τι ψιλά έχει πάνω του στο παρκόμετρο και μπαίνει στο ατελιέ.
«Καλημέρα σας. Ορίστε, παρακαλώ.»
Μια αδύνατη σαραντάρα στέκεται μπροστά του. Φοράει γυαλιά.
«Καλημέρα. Θα ήθελα να μιλήσω με τη Μαρινέλα αν είναι εύκολο.»
«Λυπάμαι. Η Μαρινέλα δεν έχει έρθει σήμερα.»
«Μήπως ξέρετε πού μπορώ να τη βρω;»
«Όταν **επιστρέψει** στη δουλειά, θα τη βρείτε εδώ.»
«Μάλιστα. Όταν επιστρέψει στη δουλειά, θα τη βρω εδώ. Απλό, πώς δεν το σκέφτηκα;»

επιστρέφω (θα/να επιστρέψω) γυρίζω πίσω

Ήταν φανερό. Στο ατελιέ όλοι έκρυβαν κάτι. Τι όμως; Μήπως την αλήθεια για τη Μάργκαρετ; Ή μήπως κάτι σοβαρότερο;

Πρέπει να το **ανακαλύψω** *σκέφτεται. Δε μ' αρέσουν τα μυστήρια.*

«Κύριε Κούρτη! Καλημέρα! Μα τι πάθατε; Πώς έγινε έτσι το πρόσωπό σας;»

Ο Καπλάνης. Χαμογελάει αλλά κάπως περίεργα.

«Είχα ένα μικρό ατύχημα. Τίποτα το σοβαρό.»

«Η δουλειά του ντετέκτιβ μπορεί να γίνει πολύ επικίνδυνη. Να είστε πιο προσεκτικός...»

«Συμβουλή είναι αυτό;»

«Ναι. Συμβουλή από έναν φίλο.»

Χωρίς να προσθέσει τίποτε άλλο, ο σχεδιαστής γυρίζει στο γραφείο του.

Ο Κούρτης βγαίνει από το ατελιέ **σκεφτικός.** Ο Καπλάνης είχε δίκιο: πρέπει να είναι προσεκτικός, πολύ προσεκτικός. Με χίλιες δυο σκέψεις στο μυαλό του, προχωράει προς το αυτοκίνητό του. Ο ήλιος ξαφνικά χάθηκε. Ένας κρύος αέρας φυσάει πάνω στην πόλη. Οι άνθρωποι στους δρόμους περπατάνε πιο γρήγορα, σαν να βιάζονται να πάνε κάπου. Όλα τού φαίνονται γκρίζα και μελαγχολικά.

Τι είν' αυτό πάλι; **Κλήση;** *Μα αφού έβαλα αρκετά λεφτά στο παρκόμετρο...*

ανακαλύπτω (θα/να ανακαλύψω) βρίσκω

σκεφτικός με πολλές σκέψεις στο μυαλό

κλήση, η το χαρτάκι που μας δίνουν όταν παρκάρουμε σε μέρος που δεν πρέπει

Κάποιος του είχε αφήσει ένα σημείωμα στο **παρμπρίζ** του αυτοκινήτου του:

ΕΛΑ ΣΤΟ ΣΥΝΤΑΓΜΑ, ΜΠΡΟΣΤΑ ΣΤΟ ΜΝΗΜΕΙΟ ΤΟΥ ΑΓΝΩΣΤΟΥ ΣΤΡΑΤΙΩΤΗ ΣΤΗ 1:30 ΤΟ ΜΕΣΓΜΕΡΙ
ΜΙΑ ΦΙΛΗ

Πολλοί φίλοι **μπλέκονται** *σ' αυτή την ιστορία... Κι όταν έχεις τέτοιους φίλους, τι τους θέλεις του εχθρούς, όπως λέει ο λαός. Αλλά αν θέλω ν' ανακαλύψω τι συμβαίνει, κάτι πρέπει να κάνω.*

Η Μαριλένα μιλάει για τη Μάργκαρετ

Πλατεία Συντάγματος, ώρα μία και μισή. Το μνημείο του Άγνωστου Στρατιώτη είναι σημείο συνάντησης για πολύ κόσμο. Ο Κούρτης είναι στην ώρα του αλλά δεν ξέρει ποιον -ή μάλλον ποιαν- θα συναντήσει. Ανάβει πουράκι.
«Το κάπνισμα **βλάπτει,** δεν το ξέρεις;»
Η Μαρινέλα, φυσικά. Να λοιπόν ποια είναι η μυστηριώδης φίλη...
«Τι κάνεις εδώ;»
«Ήθελα να σου ζητήσω συγνώμη για χτες το βράδυ. Λυπάμαι πολύ για ό,τι έγινε.»

παρμπρίζ, το το μπροστινό παράθυρο του αυτοκινήτου
μπλέκομαι έχω σχέση με
βλάπτω κάνω κακό

«Δεν τ' αφήνεις αυτά;»

«Αλήθεια σου λέω. Πρέπει να με πιστέψεις. Δεν ήξερα τίποτα για εκείνους τους δύο τύπους.»

Ο Κούρτης την κοιτάζει. Η κοπέλα μοιάζει **ειλικρινής**.

«Γιατί με πήγες εκεί κάτω, τότε;»

«Με **αναγκάσανε.** Εγώ δεν ήθελα να το κάνω.»

«Ποιος σε ανάγκασε; Ο Καπλάνης;»

«Ναι, αυτός.»

Δεν είχε κάνει λάθος, τότε. Οι **υποψίες** του ήταν σωστές: ο σχεδιαστής κάτι έκρυβε και φοβόταν τις έρευνες του Κούρτη. Γι' αυτό χτες το βράδυ είχε στείλει εκείνους τους δύο τύπους.

«Τη γνώριζες τη Μάργκαρετ, έτσι;»

Η Μαρινέλα σκύβει το κεφάλι.

«Δούλευε στο ατελιέ. Δεν ήμασταν φίλες όμως. Ήταν πολύ κλειστή, δε μίλαγε σε κανέναν. Είχε μπλέξει.»

«Με ναρκωτικά;»

«Με κοκαΐνη. Είχε αρχίσει να παίρνει κοκαΐνη. Το έκανε για να μην παχαίνει, όπως κάνουν αρκετά μοντέλα, άλλωστε.»

«Και μετά δεν μπορούσε να σταματήσει» συμπληρώνει ο Κούρτης.

«Ακριβώς. Στο τέλος ό,τι κέρδιζε, τό 'δινε στην κόκα. Δούλευε μόνο και μόνο για να μπορεί ν' αγοράζει ναρκωτικά.»

ειλικρινής αυτός που λέει την αλήθεια

αναγκάζω (αόριστος: ανάγκασα) κάνω κάποιον να κάνει κάτι χωρίς αυτός να το θέλει

υποψία, η σκέψη που έχει σχέση με κάτι κακό

«Πού βρίσκεται τώρα;»

«Δεν ξέρω. Παλιότερα έμενε σ' ένα δυάρι ρετιρέ, στην οδό Δεινοκράτους 43, πίσω απ' την Αμερικάνικη Πρεσβεία. Αλλά πριν από μερικούς μήνες, σε μια επίδειξη μόδας, γνώρισε έναν γνωστό πολιτικό κι έγινε **ερωμένη** του. Από τότε δεν την ξαναείδα.»

«Και ποιος είναι αυτός ο πολιτικός;»

«Τι;»

«Ο πολιτικός λέω... Πώς τον λένε;»

Η Μαρινέλα δεν απαντάει. Είναι φανερό ότι φοβάται. «Πρέπει να φύγω» του λέει. «Νομίζω ότι με παρακολουθούν. Δε μου λες... σ' αρέσει η κλασική μουσική;»

«Η κλασική; Μ' αρέσει και η κλασική μουσική, ναι... αλλά τι σχέση έχει αυτό;»

«Δεν πας μια βόλτα μέχρι το Μέγαρο Μουσικής;»

Στο Μέγαρο

Η Μαρινέλα έφυγε. Τον άφησε να στέκεται στη μέση του δρόμου σαν ηλίθιος. Τι σήμαιναν τα λόγια της; Δεν μπορούσε να καταλάβει... Παίρνει ένα τρόλεϊ που πάει Βασιλίσσης Σοφίας. Έχει πάει αρκετές φορές στο Μέγαρο -έξι ή εφτά- για να παρακολουθήσει κάποιες συναυλίες και ένα ή δύο μπαλέτα. Το κτήριο είναι μεγάλο

ερωμένη φιλενάδα

και **εντυπωσιακό.** *Από τα πιο μεγάλα στην Ευρώπη,* σκέφτεται.

Κατεβαίνει στη στάση, περνάει απέναντι και μπαίνει. Κάποιοι άνθρωποι περιμένουν μπροστά σε ένα από τα ταμεία.

Διαβάζει το πρόγραμμα:

Ο ΛΕΩΝΙΔΑΣ ΚΑΖΑΚΟΣ
ΠΑΙΖΕΙ ΜΕ ΤΗΝ
ΚΡΑΤΙΚΗ ΟΡΧΗΣΤΡΑ ΤΗΣ ΤΣΕΧΙΑΣ

Μεγάλος βιολιστής ο Καζάκος σκέφτεται. Αλλά γιατί τον έστειλε εδώ η Μαρινέλα; Μήπως τον **κορόιδεψε** πάλι; Κι όμως, του είχε φανεί ειλικρινής. Άλλωστε, του είπε αρκετά ενδιαφέροντα πράγματα. Ότι η Μάργκαρετ είχε μπλέξει με ναρκωτικά. Ότι ήταν ερωμένη κάποιου μυστηριώδη πολιτικού. Και ότι έμενε για ένα διάστη-μα σ' ένα δυάρι στην οδό Δεινοκράτους... *Μα για στά-σου. Η Δεινοκράτους είναι εδώ κοντά.* Ο Κούρτης ανά-βει πουράκι, αλλάζει γνώμη, το πετάει και ξεκινάει απο-φασισμένος να βρει κάποια άκρη.

Δεινοκράτους 43

Η οδός Δεινοκράτους είναι ένας στενός δρόμος. Ο αριθ-μός σαράντα τρία είναι μια παλιά τετραώροφη πολυ-

---

εντυπωσιακός που κάνει εντύπωση
κοροϊδεύω (αόριστος: κορόιδεψα) λέω ψέματα σε κάποιον

κατοικία. Στο απέναντι πεζοδρόμιο βρίσκεται ένα **παραδοσιακό** καφενείο.

Δίψασα, σκέφτεται, ας πιω ένα ουζάκι πριν ανέβω.
Μπαίνει στο καφενείο και ζητάει ένα **καραφάκι.** Ο ιδιοκτήτης είναι γύρω στα 50. Καθώς τον σερβίρει, παρακολουθεί τις ειδήσεις στην τηλεόραση και **σχολιάζει:** «Κλέφτες. Φακελάκια και **μίζες**. Ακούτε τι γίνεται; Ακόμα και υπουργοί παίρνουν μίζες. Όλα **σκάρτα** σ' αυτή τη χώρα πια.»

«Έχετε δίκιο» απαντάει ο Κούρτης. *Όλα σκάρτα. Ακόμα και το ούζο σκέφτεται και ανάβει το πουράκι του. Τούτο εδώ δεν έχει καμιά σχέση με το παλιό, καλό ούζο.*
Καθώς βγαίνει, κοιτάζει την πολυκατοικία.
Πρέπει να είναι στον τελευταίο όροφο σκέφτεται ο Κούρτης. Η Μαρινέλα του μίλησε για ένα ρετιρέ.
Η πόρτα της εισόδου είναι ανοιχτή. Μπαίνει στην πολυκατοικία κι αρχίζει ν' ανεβαίνει τις σκάλες.
Πόπο, κουράστηκα. Μάλλον έχω αρχίσει να γερνάω. Ίσως είναι και το κάπνισμα. Λες να έχει δίκιο η Μαρινέλα;
Φτάνει επιτέλους στον τέταρτο όροφο. Χτυπάει το κουδούνι. Ένας νεαρός με μακριά μαλλιά ανοίγει σχεδόν αμέσως.
«Τι είναι;»
«Καλημέρα» λέει ο Κούρτης. «Μήπως μένει εδώ η δεσποινίς Μάργκαρετ;»

παραδοσιακός όπως παλιά
σχολιάζω λέω τι πιστεύω για κάποιον ή κάτι
μίζα, η μαύρα χρήματα που παίρνει
ένας πολιτικός
σκάρτο κακό, δεν είναι όπως
πρέπει να είναι

καραφάκι, το

Το αγόρι, χωρίς ν' απαντήσει, του κλείνει την πόρτα στα μούτρα.

Χμ... παράξενο.

Ο Κούρτης ξαναχτυπάει και ο νεαρός ξανανοίγει.

«Τι είναι πάλι;» λέει.

«Σε ρώτησα αν κάποια δεσποινίς Μάργκαρετ μένει εδώ» ξαναλέει ο ντεντέκτιβ. «Δεν με κατάλαβες; Ελληνικά μιλάω.»

«Δεν πας στον διάολο...»

Αλλά αυτή τη φορά ο νεαρός δεν **προλαβαίνει** να κλείσει, γιατί ο Κούρτης έχει βάλει το πόδι του στο άνοιγμα. Η γροθιά του ντετέκτιβ τον βρίσκει στο **σαγόνι**. Ο νεαρός πέφτει κάτω και ο Κούρτης τραβάει το πιστόλι του.

«Είναι η τελευταία φορά που σε ρωτάω. Έχεις δέκα δευτερόλεπτα για να μου απαντήσεις. Πού είναι η Μάργκαρετ;»

«Δε.. δεν ξέρω. Εγώ είμαι εδώ δυο μήνες μόνο... Δεν ξέρω κανέναν... Ξέρω μόνο ότι πριν ζούσε εδώ μια κοπέλα, μια Αμερικάνα. Είχε αφήσει μια τσάντα με ρούχα... και να, πριν από λίγο ήρθαν δυο τύποι και την πήραν. Σας παρακαλώ... Δεν θέλω να πεθάνω...»

Δυο άντρες; σκέφτεται ο Κούρτης. *Μα από πού βγήκαν;*

«Εγώ δεν είδα κανέναν να βγαίνει απ' την πολυκατοικία» του λέει. «Λες ψέματα!»

προλαβαίνω έχω αρκετό χρόνο για να κάνω κάτι

σαγόνι, το →

«Σου λέω την αλήθεια! Υπάρχουν δύο έξοδοι στην πολυ-
κατοικία. Μια στην οδό Δεινοκράτους και μια στην οδό
Αριστοδήμου. Γι' αυτό δεν τους είδες.»
«Να πάρει η οργή!»

Ο ντετέκτιβ είναι τυχερός

Σ' ένα δευτερόλεπτο είχε κατέβει τις σκάλες. Έτρεξε
προς την είσοδο και βγήκε στην οδό Αριστοδήμου. Στο
δρόμο, τριάντα μέτρα μπροστά του, βλέπει δυο άντρες
με μια κόκκινη τσάντα ταξιδιού.
«Ακίνητοι!» τους φωνάζει, αλλά είναι αργά. Μόλις τον
βλέπουν, ανεβαίνουν σε μια μηχανή και φεύγουν.
*Αυτοί είναι, οι ίδιοι τύποι που με χτυπήσανε χτες. Και να
μην έχω αυτοκίνητο να τους ακολουθήσω! Τι χαζός που
είμαι!*
Εκείνη τη στιγμή ένα ταξί του **αναβοσβήνει** τα φώτα.
Τι τύχη!
Ο Κούρτης ανοίγει την πόρτα.
«Ακολούθησε αυτή τη μηχανή!»
Ο ταξιτζής είναι αρκετά μεγάλος κι έχει άσπρα μαλλιά.
«Για παρακολούθηση η **ταρίφα** είναι διπλή» του λέει.
«Εντάξει, εντάξει... Πάμε.»
Το ταξί ξεκινάει με ταχύτητα. Από τα δρομάκια βγαί-
νουν στη λεωφόρο Κηφισίας. Δεν είναι εύκολο για ένα

να πάρει η οργή έκφραση που χρησιμοποιούμε όταν
είμαστε εκνευρισμένοι, όταν κάτι πάει λάθος
αναβοσβήνω ανάβω και σβήνω γρήγορα
ταρίφα, η τιμή, αυτό που πρέπει να πληρώσει κανείς

αυτοκίνητο ν' ακολουθεί μια μηχανή στο κέντρο της Αθήνας. Αλλά αυτός ο ταξιτζής είναι φοβερός οδηγός. «Μην ανησυχείς, φίλε» λέει στον Κούρτη. «Δεν θα μας ξεφύγουν.»

Η μηχανή στρίβει ξαφνικά και κατευθύνεται προς τα Τουρκοβούνια. Μπαίνουν σε κάτι στενά δρομάκια και αφήνουν πίσω τους την **πυκνοκατοικημένη** περιοχή.

«Πλησίασε όσο μπορείς» λέει ο Κούρτης.

«Μα τι θέλεις να κάνεις;»

«Κάτι που θα τους σταματήσει.»

Ο ντεντέκτιβ βγάζει το πιστόλι και σημαδεύει από το παράθυρο του αυτοκινήτου την πίσω **ρόδα** της μηχανής.

«Τα κατάφερες!» φωνάζει ο ταξιτζής καθώς φρενάρει.

Η μηχανή πέφτει πάνω σ' ένα δέντρο. Ο Κούρτης κατεβαίνει από το ταξί αλλά οι δύο άντρες σηκώνονται και το βάζουν στα πόδια.

«Το σκάνε!» φωνάζει ο ταξιτζής.

«Δεν πειράζει. Αυτό που μ' ενδιαφέρει είναι η τσάντα.» Και νά τη, επιτέλους, η τσάντα μπροστά του. Την ανοίγει: ένα πουκάμισο, ένα ζευγάρι παπούτσια, μια φούστα μίνι κι ένα τετράδιο. Ανοίγει το τετράδιο και βρίσκει μέσα μια φωτογραφία από κάποια εφημερίδα. Η φωτογραφία δείχνει τον Καπλάνη κι έναν ψηλό άντρα με μούσι.

πυκνοκατοικημένη με πολλά σπίτια
το σκάω φεύγω γρήγορα

ρόδα 

Ο ίδιος άνθρωπος που είχα δει στην επίδειξη σκέφτεται ο ντετέκτιβ καθώς διαβάζει αυτό που γράφει κάτω από τη φωτογραφία:

ΤΑ ΠΡΟΣΩΠΑ ΤΗΣ ΗΜΕΡΑΣ:
Ο ΣΧΕΔΙΑΣΤΗΣ ΚΑΠΛΑΝΗΣ ΚΑΙ
Ο ΥΦΥΠΟΥΡΓΟΣ ΚΑΖΑΚΟΣ

Ο Καζάκος! Βέβαια. Αυτός ήταν ο **εραστής** της Μάργκαρετ. Γι' αυτό τον έστειλε στο Μέγαρο Μουσικής η Μαρινέλα. Της άρεσε το μυστήριο, λοιπόν, αυτής της κοπέλας.
Γνωστό και αρκετά σπουδαίο άτομο σκέφτεται. *Γι' αυτό μου είχε φανεί ότι κάπου τον ξέρω, όταν τον είδα στην επίδειξη.*
Καθώς στέκεται, διαβάζει το τετράδιο και βρίσκει ημερομηνίες και σημειώσεις, σχεδόν σε κάθε σελίδα: στα χέρια του κρατάει το ημερολόγιο της Μάργκαρετ.

εραστής, ο ερωμένος, που βγαίνει σταθερά με μια γυναίκα

Το ημερολόγιο της Μάργκαρετ

5 Ιανοναρίου

Η Ελλάδα είναι όμορφη. Είμαι εδώ μια εβδομάδα και έχω ήδη γνωρίσει αρκετό κόσμο. Οι άνθρωποι ξέρουν να διασκεδάζουν και είναι χαρούμενοι. Η Αμερική μού φαίνεται τόσο μακριά. Δεν ξέρω ακόμα τι θα κάνω αλλά είμαι σίγουρη ότι θα περάσω όμορφα.

9 Ιανοναρίου

Η Αθήνα είναι παράξενη πόλη. Βρίσκεις απ' όλα. Το Κολωνάκι είναι **κοσμοπολίτικο**. Εκεί είναι όλα τα μαγαζιά και τα ατελιέ των γνωστών σχεδιαστών. Στην πλατεία συναντάς **ανθρώπους του θεάματος** και της μόδας. Υπάρχουν και πολλά μανεκέν που έρχονται από το εξωτερικό, κυρίως Αμερικάνες. Εγώ **σκοτώνω τον χρόνο μου** κάνοντας βόλτες. Όλα μου φαίνονται καινούργια και ενδιαφέροντα. Οι μέρες περνάνε γρήγορα.

12 Ιανοναρίου

Σήμερα σηκώθηκα νωρίς, πήρα ένα λεωφορείο και πήγα βορειοανατολικά. Σταμάτησα σ' ένα χωριουδάκι με κάτι πανέμορφα **πλατάνια**. Κάθησα σ' ένα ταβερνάκι στην πλα-

---

κοσμοπολίτικος όπως είναι σε μια μεγάλη πόλη
άνθρωπος του θεάματος κάποιος που έχει σχέση
με το θέατρο ή το σινεμά
σκοτώνω τον χρόνο μου περνάω την ώρα μου
πλατάνι μεγάλο και ψηλό δέντρο

τεία του χωριού και έφαγα ένα νόστιμο φαγητό που είχε
παράξενο όνομα: **σοφρίτο**. Έπειτα περπάτησα στο δάσος,
ώσπου έφτασα σ' ένα μικρό μοναστήρι και ζήτησα να πιω
νερό. Οι αδελφές ήταν πολύ φιλικές και έμεινα ώς το
βράδυ. Πέρασα μια πολύ όμορφη μέρα.

17 Ιανουαρίου

Βρήκα δουλειά στο ατελιέ του σχεδιαστή Καπλάνη. Είχα
ακούσει ότι ζητούσε μοντέλα για τις επιδείξεις του. Ήταν
πολλά κορίτσια αλλά τα **έδιωξε** σχεδόν όλα: η μια πολύ
ψηλή, η άλλη κοντή, η τρίτη πολύ νέα... Στο τέλος διάλε-
ξε εμένα κι άλλες δύο, μια Σουηδέζα και μια Ισπανίδα.
Έχει κάτι το ιδιαίτερο ο Καπλάνης. Πραγματικός καλλι-
τέχνης. Φτιάχνει κάτι φορέματα ασιατικού και αφρικανι-
κού στιλ που είναι πανέμορφα.

18 Φεβρουαρίου

Είμαι χαρούμενη αλλά και κουρασμένη. Δουλεύω πολύ και
στέκομαι όρθια πολλές ώρες. Τα βράδια όταν γυρίζω σπίτι
είμαι τόσο κουρασμένη, που θέλω μόνο να πάω για ύπνο.
Μερικά κορίτσια παίρνουν κοκαΐνη πριν από τις επιδεί-
ξεις. Λένε ότι σε βοηθάει: δε νιώθεις την κούραση και δεν
παχαίνεις.

σοφρίτο κερκυραϊκή σπεσιαλιτέ
διώχνω (αόριστος: έδιωξα) λέω σε κάποιον να φύγει
στέκομαι όρθιος δεν κάθομαι, στέκομαι στα πόδια μου

23 Φεβρουαρίου

Ο Καπλάνης γνωρίζει πολλούς πολιτικούς και από το ατελιέ του περνάνε γνωστές και σημαντικές προσωπικότητες. Συχνά έρχεται και ο υπουργός ή νφυπουργός Καζάκος. Πολλά λέγονται γι' αυτόν. Σχεδόν κάθε φορά που ακούγεται κάποιο σκάνδαλο, αναφέρουν το όνομά του αλλά, ως τώρα, κανείς δεν κατάφερε να βρει **στοιχεία** εναντίον του.

25 Φεβρουαρίου

Δοκίμασα κοκαΐνη για πρώτη φορά. Αισθάνεσαι ότι έχεις πολλή ενέργεια. Νομίζω ότι θα το ξανακάνω.

18 Μαρτίου

Πολλή δουλειά. Η κοκαΐνη με βοηθάει πολύ. Χτες το βράδυ μετά την επίδειξη με κάλεσε για φαγητό ο Καζάκος. Τον είπα όχι. Δε μ' αρέσει πολύ αυτός ο τύπος.

16 Απριλίου

Είμαι **εξαρτημένη** από την κοκαΐνη. Δεν **αντέχω** χωρίς αυτή. Σνιφάρω πολύ, δύο και τρεις φορές την ημέρα και χρειάζομαι πολλά λεφτά. Τι θα κάνω, Θεέ μου; Είναι 10 το βράδυ και νιώθω πολύ μόνη. Κανείς δεν είναι εδώ μαζί μου. Στον κόσμο της μόδας δεν υπάρχουν φίλοι.

στοιχείο, το απόδειξη, ντοκουμέντο
εξαρτημένος αυτός που δεν μπορεί να ζήσει χωρίς ναρκωτικά
αντέχω μπορώ

20 Απριλίου

Με κάλεσε ξανά ο Καζάκος. **Αρνήθηκα** πάλι. Αυτός επιμέ-
νει και μου στέλνει δώρα και λουλούδια. Τα άλλα κορί-
τσια λένε ότι είμαι χαζή που δεν δέχομαι.

6 Μαΐου

Τέλειωσαν τα λεφτά μου. Δεν έχω μία. Τα ξόδεψα όλα για
ν' αγοράσω κόκα και τώρα θέλω κι άλλη. Δεν αισθάνομαι
καθόλου καλά.

10 Μαΐου

Την κοκαΐνη την αγοράζω από την Τζένη. Είναι από την
Αυστραλία και δουλεύουμε μαζί στον Καπλάνη. Η Τζένη
μού γνώρισε δυο φίλους της. Είναι ξένοι και δουλεύουν για
την Οργάνωση, που είναι μια διεθνής **σπείρα** εμπόρων ναρ-
κωτικών. Μου είπανε ότι μπορώ να κερδίσω πολλά λεφτά
αν δουλέψω μαζί τους. Εγώ νιώθω πολύ **μπερδεμένη**. Δεν
ξεχωρίζω πια το καλό από το κακό, και το μόνο που ξέρω
είναι ότι έχω ανάγκη από λεφτά.

16 Μαΐου

Είμαι ερωμένη του Καζάκου, του υφυπουργού εξωτερικών.
Τον **συνοδεύω** στα ταξίδια του και γυρίζουμε όλον τον
κόσμο. Έτσι, μεταφέρω πολύ εύκολα ναρκωτικά από το

αρνούμαι (αόριστος: αρνήθηκα) λέω όχι, δεν δέχομαι
σπείρα, η ομάδα ανθρώπων που κλέβει ή που πουλάει ναρκωτικά
είμαι μπερδεμένος δεν ξέρω τι να κάνω
συνοδεύω πηγαίνω μαζί

ένα μέρος στο άλλο, αφού, όταν είμαι μαζί του, η αστυνομία δε μας ελέγχει. Η Οργάνωση είναι ευχαριστημένη από τη δουλειά μου και με πληρώνει καλά.

10 Ιουλίου

Εδώ και αρκετό καιρό δε νιώθω καλά. Δεν τρώω, δεν κοιμάμαι και έχω πολλά νεύρα. Μπορεί να φταίει η κοκαΐνη.

25 Ιουλίου

Κι άλλο ταξίδι με τον Καζάκο. Η Οργάνωση είναι πολύ ευχαριστημένη μαζί μου. Ο Καζάκος δεν ξέρει ούτε καταλαβαίνει τίποτα, γιατί είναι πολύ απασχολημένος με τη δουλειά του. Γι' αυτόν, είμαι μόνο η φιλενάδα του.

7 Αυγούστου

Βραδινός χορός με πάρα πολλούς καλεσμένους σ' ένα **παραλιακό** κέντρο για τα γενέθλια του Καπλάνη. Ήμουν κι εγώ, με τον Καζάκο φυσικά. Αυτά τα πάρτι είναι όλα ίδια: χορεύεις όλη νύχτα και συναντάς διάφορα μεγάλα ονόματα. Έχω λεφτά και κόκα. Μπορώ να έχω ό,τι θέλω αλλά δεν είμαι ευτυχισμένη.

20 Αυγούστου

Πριν από λίγες μέρες άκουσα τυχαία ένα τηλεφώνημα του Καζάκου με τον Καπλάνη. Μιλούσαν για μια μίζα δύο εκα-

---

παραλιακός δίπλα στην παραλία

τομμηρίων και για κάτι άλλες υποθέσεις. Τώρα αρχίζω να καταλαβαίνω. Ο Καζάκος χρησιμοποιεί τη θέση του για να κάνει διάφορες χάρες στον Καπλάνη και ο Καπλάνης του δίνει λεφτά.

25 Αυγούστου

Άλλο ένα ταξίδι για την Οργάνωση. Δεν είμαι καλά, η κοκαΐνη με σκοτώνει λίγο λίγο. Πρέπει να σταματήσω. Πρέπει να βρω το κουράγιο να το κάνω.

30 Αυγούστου

Σήμερα μίλησα με τον Χοσέ, έναν από τους αρχηγούς. Του είπα ότι δε θέλω πια να δουλεύω για την Οργάνωση και ότι θέλω να τελειώνω μ' αυτή την ιστορία. Μου απάντησε ότι αυτό δε γίνεται. Πρώτον, επειδή είμαι πια πολύ σημαντική για την Οργάνωση και, δεύτερον, γιατί ξέρω πολλά.

8 Σεπτεμβρίου

Απόψε είδα ένα όνειρο. Ήμουνα, λέει σ' ένα μέρος που δεν είχε όνομα. Καθόμουνα σ' ένα τραπέζι με κάτι **μοναχές** και έτρωγα ένα καταπληκτικό φαγητό, σαν αυτό που είχα φάει σ' εκείνο το μέρος με τα πλατάνια: το σοφρίτο. Όλα γύρω μου ήταν τόσο ήσυχα και ένιωθα ευτυχισμένη. Έπειτα όμως ξύπνησα και κατάλαβα ότι ήταν μόνο ένα όνειρο.

μοναχή, η γυναίκα που ζει με άλλες γυναίκες σε μοναστήρι

10 Σεπτεμβρίου

Θα συνοδέψω τον Καζάκο στην Άπω Ανατολή, σ' ένα από τα συνηθισμένα του ταξίδια. Στην Μπαγκόκ κάποιος θα μου δώσει ένα βαλιτσάκι με ναρκωτικά, κι εγώ θα το φέρω στην Ελλάδα. Αυτή η φορά όμως θά 'ναι η τελευταία. Τους το είπα.

20 Σεπτεμβρίου

Η Οργάνωση με **απειλεί**. Θα με σκοτώσουν. Χτες άφησα τον Καζάκο. Τέρμα τα ταξίδια, τέρμα και τα ναρκωτικά. Φτάνει πια.

Η Λίλιαν

Αφήνοντας πίσω του το κέντρο της Αθήνας και πηγαίνοντας προς την Πεντέλη περνάει κανείς, το ένα μετά το άλλο, τα βόρεια προάστια Κηφισιά, Εκάλη, Δροσιά και ο δρόμος συνεχίζει ως τη Λίμνη του Μαραθώνα.

Η διαδρομή είναι όμορφη, ο δρόμος περνάει μέσα από γραφικά χωριουδάκια. Αλλά για να φτάσει κανείς στα Μαγκανέικα πρέπει να βγει από τον δρόμο και να ρωτήσει πού είναι η Μονή της Αγίας Αθανασίας.
Μια ξανθιά κοπέλα κάθεται στο κρεβάτι και, όπως κάθε βράδυ, περιμένει το βραδινό της. Κάποιος χτυπάει.

απειλώ λέω σε κάποιον ότι θα του κάνω κακό

«Εσείς είστε, αδελφή;» ρωτάει μηχανικά και ανοίγει.

«Καλησπέρα, Μάργκαρετ.»

Δεν είναι η μοναχή. Μπροστά της βρίσκεται ένας άντρας γύρω στα σαράντα, με καστανά μαλλιά, μάλλον ψηλός. Τον λένε Αντώνη Κούρτη, της λέει.

«Μπορώ να μπω;» ρωτάει ο ντεντέκτιβ.

Χαμογελάει. Οδηγούσε αρκετή ώρα για να φτάσει εδώ, αλλά τώρα είναι χαρούμενος. Η υπόθεση φτάνει επιτέλους στο τέλος της. «Όμορφα είναι εδώ. Ησυχία, γαλήνη. **Ιδανικό** μέρος για να κρυφτεί κανείς» λέει και περπατάει πάνω κάτω στο δωμάτιο.

«Γιατί δε με σκοτώνετε αμέσως;» ρωτάει η Μάργκαρετ.

«Ξέρω τους κανόνες. Ξέρω ότι γι' αυτό ήρθατε εδώ.»

«Κάνεις λάθος. Δεν ήρθα για να σκοτώσω κανέναν.»

«Πώς;»

Η κοπέλα τα χάνει. Δεν καταλαβαίνει τι γίνεται. Ποιος είναι αυτός ο άντρας και τι θέλει απ' αυτήν;

«Ησύχασε, Μάργκαρετ» της εξηγεί ο ντεντέκτιβ. «Εσύ δε με γνωρίζεις αλλά εγώ ξέρω ήδη πολλά για σένα. Στην αρχή δεν μπορούσα να καταλάβω. Φοβόμουν ότι μπορεί να σε είχαν σκοτώσει. Ο Καπλάνης έδειχνε να φοβάται τις έρευνές μου. 'Αυτός είναι ο **ένοχος**', σκεφτόμουν. Αλλά έκανα λάθος. Απλώς φοβόταν μήπως ανακαλύψω τίποτα για τις βρωμοδουλειές του με τον Καζάκο. Γι' αυτό έστειλε τους άντρες του να βρουν το

ιδανικός ο καλύτερος
ένοχος, ο αυτός που έχει κάνει κάτι κακό

ημερολόγιό σου. Ήθελε να κρατήσει κρυφές τις σχέσεις του με τον υφυπουργό. Α, δε σου είπα. Τους **συλλάβανε** σήμερα το πρωί. Τον Καπλάνη και τον Καζάκο, εννοώ.»

Ο Κούρτης σταματάει. Η Μάργκαρετ τον ακούει προσεχτικά.

«Όταν βρήκα το ημερολόγιό σου» συνεχίζει ο ντετέκτιβ, «κατάλαβα ότι ο Καπλάνης δεν ήξερε τίποτα και ότι εσύ είχες κρυφτεί για να μη σε βρούν και σε σκοτώσουνε οι άνθρωποι της Οργάνωσης.»

«Καλά όλα αυτά» λέει η Μάργκαρετ, «αλλά εσείς γιατί με ψάχνετε; Τι θέλετε από μένα;»

«Α ναι, ξέχασα να σου το πω. Είμαι ντετέκτιβ. Πριν από μερικές μέρες ήρθε μια γυναίκα στο γραφείο μου και με πλήρωσε για να κάνω έρευνες για την εξαφάνισή σου. Μου είπε πως τη λένε Λίλιαν Τόμας και πως είναι η μητέρα σου.»

«Μα η μητέρα μου πέθανε πριν από δύο χρόνια.»

«Το **υποψιαζόμουν**.»

Ναι, το είχε υποψιαστεί. Εκείνη η γυναίκα δεν του είχε αρέσει καθόλου. Μια μάνα θα μιλούσε διαφορετικά. Και έπειτα, του είχε δώσει πολλά λεφτά για μια απλή έρευνα. Όλα ήταν **ξεκάθαρα** τώρα. Η Λίλιαν δούλευε για την Οργάνωση.

συλλαμβάνω (αόριστος: συνέλαβα/συλλάβαμε) πιάνω
υποψιάζομαι φαντάζομαι
ξεκάθαρος πολύ καθαρός, πολύ απλός να τον καταλάβεις

«Συγχαρητήρια, κύριε Κούρτη. Κάνατε καταπληκτική δουλειά.»

Ήταν η Λίλιαν Τόμας. Τον είχε ακολουθήσει ώς το μοναστήρι και τώρα στέκεται στην πόρτα και τους σημαδεύει με ένα μικρό πιστόλι.

«Πώς είσαι, Μάργκαρετ; Έφυγες απ' τη μια μέρα στην άλλη και ούτε ένα 'γεια' δε μας είπες. Πολύ στενοχωρηθήκαμε όλοι.»

Η Λίλιαν σημαδεύει την κοπέλα. Η φωνή της είναι ψυχρή, το χέρι της σταθερό.

«Το ξέρεις ότι πρέπει να πληρώσεις γι' αυτό που έκανες. Δε μιλάς... Δε φοβάσαι; Δε σε νοιάζει αν πεθάνεις;»

«Τι να φοβηθώ; Καλύτερος ο θάνατος από μια ζωή σαν τη δικιά μου.»

«Πολύ ωραία. Θα είναι πιο εύκολο, τότε» λέει η γυναίκα και πλησιάζει κι άλλο. «Θα πρέπει να σκοτώσω κι εσάς, κύριε Κούρτη, όπως καταλαβαίνετε. Κρίμα, γιατί είστε αρκετά καλός ντετέκτιβ.»

«Αυτό λέω κι εγώ. Είσαι σίγουρη ότι θέλεις να το ρισκάρεις;»

Τους κοιτάζει. Τα μάτια της είναι παγωμένα. Ήρεμα σηκώνει το πιστόλι. Απ' αυτή την απόσταση δεν μπορεί να κάνει λάθος.

«Ααχ!»

Η Λίλιαν Τόμας πέφτει χωρίς να καταλάβει το 'γιατί'. Η μοναχή πίσω της, που όπως κάθε βράδυ ήρθε για να φέρει το βραδινό της Μάργκαρετ, την είχε χτυπήσει στο κεφάλι μ' ένα μπουκάλι γεμάτο νερό.
«Αδελφή Αντωνία!»
«Ναι, Μάργκαρετ, εγώ είμαι. Να **'περιποιηθώ'** και τον κύριο;»
«Όχι, όχι. Αυτός είναι φίλος... Αχ, ευτυχώς που ήρθατε **εγκαίρως**.»

Επίλογος

Λίγες μέρες αργότερα στην Ασφάλεια, ο Κούρτης λέει την ιστορία της Μάργκαρετ στον υπαστυνόμο Καρδαμάκη.
«...Όταν λοιπόν η Μάργκαρετ αποφάσισε να φύγει, δεν ήξερε πού να πάει. Οι άνθρωποι της Οργάνωσης την ψάχνανε για να τη σκοτώσουν. Έτσι, θυμήθηκε το μοναστήρι. Οι μοναχές τη δεχτήκανε, της δώσανε τροφή και κρεβάτι χωρίς να τη ρωτήσουν τίποτε. Η κοπέλα καθόταν όλη μέρα στο δωμάτιό της, χωρίς να μιλάει και χωρίς να βλέπει κανέναν. Μόνο το πρωί και το βράδυ άνοιγε στην αδελφή που της έφερνε το φαγητό.»

περιποιούμαι (θα/να περιποιηθώ) φροντίζω
εγκαίρως ακριβώς την ώρα που πρέπει, λίγο πριν να είναι πολύ αργά

«Όλα είναι εντάξει τώρα, Αντώνη. Μας βοήθησες πολύ με αυτή την ιστορία. Μια τελευταία ερώτηση μόνο: πώς κατάλαβες ότι η κοπέλα είχε πάει στο μοναστήρι;»

«Αυτό το μέρος άρεσε πολύ στη Μάργκαρετ. Στο ημερολόγιό της μιλάει για ένα όμορφο χωριό, βορειοανατολικά, με πολλά πλατάνια κι ένα μοναστήρι.»

«Ναι αλλά δεν είναι το μόνο χωριό με πολλά πλατάνια. Όλη η περιοχή έχει πλατάνια. Και μοναστήρια ούτε ένα ούτε δύο.»

«Δεν ήταν δύσκολο να το βρω. Στο ημερολόγιό της η Μάργκαρετ λέει για μια ταβέρνα στην πλατεία του χωριού, όπου έφαγε καλό σοφρίτο.»

«Καλά και τι σχέση έχει αυτό;»

Ο Κούρτης χαμογελάει.

«Βλέπετε, κύριε υπαστυνόμε, το σοφρίτο είναι κερκυραίικη σπεσιαλιτέ και στην περιοχή μία είναι η ταβέρνα που σερβίρει σοφρίτο. Ε, ταβέρνα που φτιάχνει καλό σοφρίτο και να μην την ξέρω εγώ, είναι λίγο δύσκολο.»

1. Σοφρίτο
(από την Κέρκυρα)

Υλικά για 4 άτομα

4 πολύ λεπτές φέτες μοσχάρι
1 φλιτζάνι μαϊντανό **ψιλοκομμένο**
4 σκελίδες σκόρδο ψιλοκομμένο
4 κουταλιές λάδι
1 ποτήρι κρασί άσπρο ή καλό ξύδι
λίγο αλεύρι
αλάτι, πιπέρι

Αλευρώνουμε το κρέας και από τις δύο πλευρές. Ζεσταίνουμε το λάδι και τηγανίζουμε το κρέας. Το βάζουμε σε ένα πιάτο και **σουρώνουμε** το λάδι. **Τσιγαρίζουμε** το σκόρδο και τον μαϊντανό. Προσθέτουμε το αλάτι, το πιπέρι και το κρασί (ή το ξύδι) και λίγο ζεστό νερό. Ψήνουμε το κρέας μαζί με όλα τα υλικά στην κατσαρόλα σε μέτρια φωτιά μέχρι να **μαλακώσει.**

ψιλοκόβω κόβω σε μικρά κομμάτια
αλευρώνω βάζω αλεύρι και από τις δύο πλευρές
σουρώνω καθαρίζω, βγάζω
τσιγαρίζω ψήνω σε πολύ ζεστό λάδι
μαλακώνει γίνεται μαλακό

2. Αβγά με ντομάτα και φέτα
(από τη Μακεδονία)

Υλικά για 4 άτομα

½ κιλό ντομάτες
4 αβγά
200 γραμμάρια τυρί φέτα
αλάτι, πιπέρι
2 κουταλιές ελαιόλαδο

Πλένουμε τις ντομάτες και τις κόβουμε σε μικρά κομμάτια. Ζεσταίνουμε το λάδι στο τηγάνι και ψήνουμε τις ντομάτες, ώσπου να φύγει το νερό τους. Μετά, προσθέτουμε τη φέτα κομμένη σε μικρά κομμάτια και βάζουμε τα αβγά ολόκληρα χωρίς να τα χτυπήσουμε. Ψήνουμε την ντομάτα με τη φέτα και τα αβγά σε χαμηλή φωτιά.

ΜΕΡΟΣ ΠΡΩΤΟ

Σωστό (Σ) ή λάθος (Λ);

Λίλιαν Τόμας 7

1. Η Μάργκαρετ ήρθε στην Ελλάδα για να σπουδάσει.
2. Ο Κούρτης πιστεύει ότι η ρακή είναι καλύτερη από το κονιάκ.
3. Η Λίλιαν Τόμας λέει ότι είναι η μητέρα της Μάργκαρετ.
4. Η Λίλιαν δεν έχει μαζί της φωτογραφία της Μάργκαρετ.

Στο ατελιέ του Καπλάνη 10

1. Ο Κούρτης έχει ξαναπάει στο ατελιέ του Καπλάνη.
2. Στο ατελιέ δεν υπάρχει κανείς.
3. Η γραμματέας φαίνεται έξυπνη.
4. Ο Καπλάνης είναι μάλλον λεπτός.

Μια πρόσκληση 13

1. Το γραφείο του Καπλάνη είναι μεγάλο.
2. Ο Καπλάνης λέει ότι γνωρίζει τη Μάργκαρετ.
3. Ο Καπλάνης προσκαλεί τον Κούρτη στην επίδειξη μόδας.
4. Η επίδειξη θα είναι στο ξενοδοχείο Χίλτον.

Τι κρύβει ο Καπλάνης; 15

1. Ο Κούρτης δεν χαιρετάει τη γραμματέα.
2. Έξω κάνει κρύο.
3. Οι δρόμοι είναι άδειοι.
4. Ο Κούρτης δεν είναι ευχαριστημένος από τη συνάντησή του με τον σχεδιαστή.

Ένα ουζάκι με μεζέ 16

1. Ο Κούρτης δεν ξέρει να μαγειρεύει.
2. Του αρέσει η φωνή του Νταλάρα.
3. Ο Κούρτης ήπιε ούζο πριν από το βραδινό του.
4. Κοιμάται όταν χτυπάει το τηλέφωνο.

ΜΕΡΟΣ ΔΕΥΤΕΡΟ

Σωστό (Σ) ή λάθος (Λ);

Στην επίδειξη μόδας 18

1. Στην επίδειξη έχει πολύ κόσμο.
2. Ο Κούρτης έχει ένα μεγάλο και ακριβό αυτοκίνητο.
3. Στην επίδειξη υπάρχουν πολλές γυναίκες.
4. Ο Καπλάνης δεν πήγε στο ξενοδοχείο Κάραβελ.

Άσπρη σκόνη 20

1. Το σμόκιν του Κούρτη είναι καινούργιο.
2. Ο Κούρτης ψάχνει να βρει την αίθουσα Βεργίνα.
3. Η κοπέλα που βγαίνει από την τουαλέτα μάλλον παίρνει κοκαΐνη.
4. Ο Κούρτης δεν βαριέται καθόλου στην επίδειξη.

7. Η Μάργκαρετ ταξιδεύει πάντα μόνη της.
8. Η Μάργκαρετ στο τέλος θέλει να σταματήσει να δουλεύει για την Οργάνωση.

Σωστό (Σ) ή λάθος (Λ);

1. Η Μάργκαρετ τώρα μένει σε ένα μικρό ξενοδοχείο.
2. Δεν περίμενε τον Κούρτη.
3. Ο Κούρτης δεν της λέει τίποτα για το ημερολόγιό της.
4. Η μητέρα της Μάργκαρετ πέθανε πριν από δύο χρόνια.
5. Η Λίλιαν Τόμας σκοτώνει τη Μάργκαρετ.
6. Η αδελφή Αντωνία χτυπάει τη Λίλιαν στο κεφάλι.
7. Ο Κούρτης κατάλαβε σε ποιο μοναστήρι πήγε η Μάργκαρετ, επειδή γνώριζε το ταβερνάκι που έφτιαχνε σοφρίτο.

ΑΣΚΗΣΕΙΣ ΠΑΝΩ ΣΕ ΟΛΑ ΤΑ ΚΕΦΑΛΑΙΑ

Α. Συμπληρώστε τα κενά με τις παρακάτω λέξεις στον σωστό τύπο.

ατελιέ - ρακή - ντετέκτιβ - υπόθεση - γλυπτό - χαλί

Ο ______________ Κούρτης πίνει ένα ποτηράκι ______________ και σκέφτεται την ______________ της Μάργκαρετ. Πριν εξαφανιστεί, η κοπέλα είχε δουλέψει στο ______________ του Καπλάνη. Ο Κούρτης πήγε στο ατελιέ το απόγευμα. Όταν τον συνάντησε, ο σχεδιαστής καθόταν πάνω σ' ένα περσικό ______________ και κοίταζε τα όμορφα μοντέλα που περνούσαν μπροστά του.

Το δωμάτιο ήταν πολύ μεγάλο και ήταν γεμάτο με ακριβούς πίνακες και ____________ .

Β. Συμπληρώστε τα κενά με τις παρακάτω λέξεις στον σωστό τύπο.

πιστόλι - συνταγή - αρέσει - μίζα - έμπορος

Ο Κούρτης όταν ξαναείδε τη Μαριλένα συζήτησε μαζί της για πολλά: για το τελευταίο σκάνδαλο με τις ____________ , για ____________ μαγειρικής, για τα προβλήματα που έχει η Αθήνα με τους ____________ ναρκωτικών που είναι πολλοί. Της είπε επίσης ότι δεν του ____________ ο Καπλάνης.

Γ. Συμπληρώστε τα κενά με τις παρακάτω λέξεις στον σωστό τύπο.

κέντρο - πολιτικό - κλειστός - ρετιρέ - γνωρίζω

Η Μαρινέλα είπε ότι η Μάργκαρετ έμενε σ' ένα ____________ στο ____________ και ότι ήταν πολύ ____________ σαν χαρακτήρας. Τελευταία είχε ____________ έναν ____________ .

Δ. Περιγράψτε:

α. τον επιθεωρητή Κούρτη   β. τη Λίλιαν Τόμας
γ. τη Μαρινέλα   δ. τη Μάργκαρετ   ε. τον Καπλάνη

Ε. Τι γνώμη έχετε για:

α. το πρόβλημα των ναρκωτικών
β. την ελληνική κουζίνα

ΔΡΑΣΤΗΡΙΟΤΗΤΑ 1

Μετά την ανάγνωση ενός κεφαλαίου ή ενός μέρους της ιστορίας, διαιρούμε την τάξη σε ομάδες. Κάθε ομάδα ετοιμάζει σ' ένα χαρτί ερωτήσεις κατανόησης σχετικά με το συγκεκριμένο κομμάτι που έχει διαβαστεί και τις δίνει στη διπλανή ομάδα για να τις απαντήσει. Παράδειγμα: Αν έχουμε σχηματίσει δύο ομάδες, την Α και τη Β, η Α ετοιμάζει τις ερωτήσεις για τη Β και η Β για τη Α. Όταν τα χαρτιά επιστραφούν με τις απαντήσεις, κάθε ομάδα διορθώνει την άλλη.

ΔΡΑΣΤΗΡΙΟΤΗΤΑ 2

Διαιρούμε την τάξη σε ζεύγη. Καθένας από τους δύο σπουδαστές ετοιμάζει μια γραπτή περίληψη ενός κεφαλαίου ή ενός μέρους της ιστορίας και δίνει το χαρτί του στον άλλο για να το διορθώσει.

ΔΡΑΣΤΗΡΙΟΤΗΤΑ 3

Ένας σπουδαστής μιλάει για έναν από τους χαρακτήρες της ιστορίας. Οι υπόλοιποι πρέπει να μαντέψουν για ποιον πρόκειται.

ΔΡΑΣΤΗΡΙΟΤΗΤΑ 4

Διαιρούμε την τάξη σε δύο ομάδες. Η πρώτη από τις δύο ομάδες σημειώνει τρεις λέξεις σ' ένα χαρτί και το δίνει στην άλλη. Η αντίπαλη ομάδα πρέπει να ετοιμάσει έναν σύντομο διάλογο χρησιμοποιώντας τουλάχιστον δύο από τις προτεινόμενες λέξεις. Η πρώτη ομάδα διαβάζει δυνατά τον διάλογο. Η δραστηριότητα επαναλαμβάνεται με τη δεύτερη ομάδα να προτείνει τρεις λέξεις στην πρώτη.

ΔΡΑΣΤΗΡΙΟΤΗΤΑ 5

Διαιρούμε την τάξη σε ζεύγη ή σε ομάδες, ανάλογα με τον αριθμό των χαρακτήρων που εμφανίζονται σ' έναν διάλογο της ιστορίας. Οι σπουδαστές παίζουν τον διάλογο, προσπαθώντας να επαναλάβουν όσο πιο πιστά γίνεται τις 'ατάκες' του διαλόγου.

Παραλλαγή Α
Ο καθηγητής δίνει σε κάθε ομάδα ένα χαρτί με έναν διάλογο από την ιστορία, από τον οποίο λείπουν κάποιες ατάκες. Οι σπουδαστές πρέπει να συμπληρώσουν τον διάλογο και μετά να τον παίξουν.

Παραλλαγή Β
Οι σπουδαστές παίζουν ελεύθερα έναν διάλογο από την ιστορία.

ΔΡΑΣΤΗΡΙΟΤΗΤΑ 6

Οι σπουδαστές ετοιμάζουν μια γραπτή περιγραφή για την εξωτερική εμφάνιση ή/και την ψυχολογία ενός ή περισσότερων χαρακτήρων της ιστορίας.

VOCABULARY

αλευρώνω to flour, to powder
αμάξι, το car
αναβοσβήνω to flicker (on and off)
αναγκάζω to force
ανακαλύπτω to discover
ανάμνηση, η memory
αναπαυτικός comfortable
άνθρωπος του θεάματος, ο person innvolved in show business
αντέχω to be able to do without
απειλώ to threaten
απίστευτο unbelievable
αρνούμαι to refuse
βλάπτει it is harmful
γίνομαι καπνός to vanish, to evaporate
γλυπτό, το sculpture
γροθιά, η punch, bash
διακόπτω to interrupt
διάσημος famous
διώχνω to sack
δυσάρεστος unpleasant
εγκαίρως in time
ειλικρινής honest

είμαι μπερδεμένος to be mixed up, to be messed up
ένοχος guilty
εντυπωσιακός impressive
εξακολουθώ to continue
εξαρτημένος addicted
εξαφανίζομαι to disappear
εξυπηρετώ to be of help
επαναλαμβάνω to repeat
επίδειξη μόδας, η fashion show
επιστρέφω to return
εραστής, ο lover
ερωμένη, η lover, mistress
ηλίθιος stupid
θέαμα, το sight
θλιβερός sad
ιδανικός ideal
ίχνος, το trace
καταπληκτικός fantastic
κατευθείαν directly
κατευθύνομαι to head
καυσαέρια, τα exhaust gases
κλήση, η parking ticket
κόρη, η pupil (of the eye)
κοροϊδεύω to fool, to deceive

κοσμοπολίτικος
cosmopolitan
λατρεύω to adore
μαλακώνει to get soft
μαυρισμένο blackened,
black
με συγκινεί it appeals to
me
μεράκι, το good taste,
artistry
μίζα, η rake-off
μισοκλείνω half shut
μοναχή, η nun
μου βρίσκεται to have
available
μου πέφτει (it) is for me
μούσι, το beard
μπελάς, ο nuisance, bother
μπλέκομαι to be involved
να πάρει η οργή damn (it)
ξεκάθαρος clear
οίκος μόδας, ο fashion
house
πανάκριβος very expensive
πανέμορφος very beautiful
παντελόνα, η culottes
παραδοσιακός traditional
παραλιακός along the
coast
παρατηρώ to observe
παρατηρώ to observe
παρκαδόρος, ο carpark
attendant

παρμπρίζ, το windscreen
παρουσιάζω to present
πασαρέλα, η cat-walk
πεζόδρομος, ο pedestrian
street
πείρα, η experience
πενηντάχρονος fifty-year-
old
περιποιούμαι to take care of
περσικός Persian
πλατάνι, το plane tree
πλησιάζω to approach
πολύτιμος precious
προλαβαίνω to have
enough time
πρωτότυπος original
πυκνοκατοικημένη
densely populated
ρακή, η a typeof strong
ouzo
ρόδα, η wheel
σαγόνι, το jaw
σαραβαλάκι, το old
banger
σκάρτα bad, rotten
σκεφτικός thoughtful,
broody
σκοτώνω τον χρόνο μου
to kill one's time
σμόκινγκ, το dinner-
jacket, tuxedo
σουρώνω to strain

σοφρίτο, το speciality from Corfu

σπείρα gang

στέκομαι (όρθιος) to stand (erect)

στοιχείο, το piece of evidence

συλλαμβάνω to arrest

συνοδεύω to accompany

σχεδιαστής μόδας, ο fashion designer

σχολιάζω to comment

ταρίφα, η tariff, rate

το διασκεδάζω to enjoy it

το σκάω to get away, to scram

τροχονόμος, ο traffic policeman

τσιγαρίζω to brown

υπόθεση, η case

υποψία, η suspicion

υποψιάζομαι to suspect

φανταχτερός flashy, loud

χαζεύω (τις βιτρίνες) to go window-shopping

ψιλοκόβω to chop

ψυχρός cold

VOCABULAIRE

αλευρώνω enfariner
αμάξι, το voiture
αναβοσβήνω clignoter
αναγκάζω contraindre, obliger
ανακαλύπτω découvrir
ανάμνηση, η souvenir
αναπαυτικός confortable
άνθρωπος του θεάματος, ο homme de spectacle
αντέχω tenir, supporter
απειλώ menacer
απίστευτο ncroyable
αρνούμαι refuser
βλάπτει (il) endommage, (il) fait du mal
γίνομαι καπνός échapper
γλυπτό, το sculpture
γροθιά, η coup de poing
διακόπτω interrompre
διάσημος fameux
διώχνω chasser
δυσάρεστος désagréable
εγκαίρως à temps
ειλικρινή sincère
είμαι μπερδεμένος être confus/embrouillé
ένοχος coupable
εντυπωσιακός impressionant

εξακολουθώ continuer
εξαρτημένος adonné, toxicomane
εξαφανίζομαι disparaître
εξυπηρετώ faire service
επαναλαμβάνω répéter
επίδειξη μόδας, η défilé
επιστρέφω retourner
εραστής, ο amant
ερωμένη, η amante, maîtresse
ηλίθιος imbécile
θέαμα, το spectacle
θλιβερός triste, déplorable
ιδανικός idéal
ίχνος, το trace
καταπληκτικός fantastique
κατευθείαν directement
κατευθύνομαι se diriger à
καυσαέρια, τα gas d' échappement
κλήση, η contravention
κόρη, η pupille
κοροϊδεύω se moquer de
κοσμοπολίτικος cosmopolite
λατρεύω adorer
μαλακώνει devient mou
μαυρισμένο noirci

με συγκινεί il me touche
μεράκι, το bon goût,
capacité creative
μίζα, η mise
μισοκλείνω fermer en
moitié
μοναχή, η nonne, soeur
μου βρίσκεται j' en ai
μου πέφτει (il) est pour
moi
μούσι, το barbe
μπελάς, ο ennui, difficulté
μπλέκομαι se créer des
ennuis
να πάρει η οργή merde!
ξεκάθαρος clair
οίκος μόδας, ο maison de
haute couture
πανάκριβος tres cher
πανέμορφος tres beau
παντελόνα, η jupe culotte
παραδοσιακός traditionel
παραλιακός côtier
παρατηρώ observer
παρκαδόρος, ο l' homme
du parking
παρμπριζ, το pare«brise
παρουσιάζω présenter
πασαρέλα, η passarelle
πεζόδρομος, ο zone
pédestre
πείρα, η expérience
πενηντάχρονος de

cinquante ans
περιποιούμαι s' en
occuper
περσικός Perse
πλατάνι, το platane
πλησιάζω s' approcher
πολύτιμος précieux
προλαβαίνω avoir le temp
πρωτότυπος original
πυκνοκατοικημένη à
population dense
ρακή, η eau de vie
ρόδα, η roue
σαγόνι, το menton
σαραβαλάκι, το vieille
voiture
σκάρτος pourri
σκεφτικός pensif,
préoccupé
σκοτώνω τον χρόνο μου
tuer le temps
σμόκινγκ, το smoking
σουρώνω filtrer
σοφρίτο, το specialité de
Corfu
σπείρα clique
στέκομαι (όρθιος) se tenir
debout
στοιχείο, το preuve
συλλαμβάνω arrêter
συνοδεύω accompagner
σχεδιαστής μόδας, ο
modeliste

σχολιάζω commenter
ταρίφα, η tariffe
το διασκεδάζω je m'
amuse
το σκάω s' échapper
τροχονόμος, ο agent de
circulation
τσιγαρίζω rissoler
υπόθεση, η affaire

υποψία, η soupçon
υποψιάζομαι soupçonner
φανταχτερός éclatant
χαζεύω (τις βιτρίνες)
flâner
ψιλοκόβω couper en
petits morceaux
ψυχρός froid

αλευρώνω mit Mehl bestreuen
αμάξι, το der Wagen
αναβοσβήνω flackern
αναγκάζω zwingen, nötigen
ανακαλύπτω entdecken
ανάμνηση, η die Erinnerung
αναπαυτικός bequem
άνθρωπος του θεάματος, ο jemand im Show«biz
αντέχω ertragen
απειλώ bedrohen
απίστευτο unglaublich
αρνούμαι ablehnen, ausschlagen
βλάπτει es ist schädlich
γίνομαι καπνός verschwinden
γλυπτό, το die Skulptur
γροθιά, η die Faust
διακόπτω unterbrechen
διάσημος berühmt
διώχνω (einem Liebhaber) den Laufpass geben
δυσάρεστος unangenehm
εγκαίρως rechtzeitig
ειλικρινής ehrlich
είμαι μπερδεμένος ich bin verwirrt
ένοχος schuldig

εντυπωσιακός eindrucksvoll
εξακολουθώ weitermachen
εξαρτημένος abhängig
εξαφανίζομαι verschwinden
εξυπηρετώ jm. behilflich sein
επαναλαμβάνω wiederholen
επίδειξη μόδας, η die Modenschau
επιστρέφω zurückkommen
εραστής, ο der Liebhaber
ερωμένη, η die Liebhaberin
ηλίθιος, ο der Idiot
θέαμα, το die Schau
θλιβερός traurig, miserabel
ιδανικός ideell
ίχνος, το die Spur
καταπληκτικός fantastisch
κατευθείαν direkt
κατευθύνομαι zugehen
καυσαέρια, τα die Auspuffgase
κλήση, η der Strafzettel
κόρη, η die Pupille
κοροϊδεύω betrügen, täuschen
κοσμοπολίτικος kosmopolitisch

λατρεύω innig lieben
μαλακώνει es wird weich
μαυρισμένο (hier) blau (blaues Auge)
με συγκινεί es zieht mich an
μεράκι, το der Kunstsinn
μίζα, η das Schmiergeld
μισοκλείνω halb schließen
μοναχή, η die Nonne
μου βρίσκεται ich habe etwas
μου πέφτει (er, sie, es) ist für mich
μούσι, το der Bart
μπελάς, ο das Ärgernis, der Missstand
μπλέκομαι sich einmischen
να πάρει η οργή! "Teufel!"
ξεκάθαρος sehr klar
οίκος μόδας, ο das Modehaus
πανάκριβος sehr teuer
πανέμορφος sehr schön
παντελόνα, η breite Hose
παραδοσιακός traditionell
παραλιακός am Meer liegend
παρατηρώ beobachten
παρκαδόρος, ο der Parkplatzhelfer

παρμπρίζ, το die Windscheibe
παρουσιάζω präsentieren, zeigen
πασαρέλα, η Laufsteg
πεζόδρομος, ο die Fußgängerstraße
πείρα, η die Erfahrung
πενηντάχρονος der Fünfzigjährige
περιποιούμαι sich kümmern um jn.
περσικός persisch
πλατάνι, το die Platane
πλησιάζω sich nähern
πολύτιμος wertvoll
προλαβαίνω genug Zeit haben
πρωτότυπος originell
πυκνοκατοικημένη dicht bewohn
ρακή, η der Schnaps
ρόδα, η das Rad
σαγόνι, το das Kinn
σαραβαλάκι, το "alte Kutsche"
σκάρτα verderbt, korrupt
σκεφτικός eindächtig
σκοτώνω τον χρόνο μου die Zeit vertreiben

σμόκιγκ, το der Smoking
σουρώνω sich besaufen
σοφρίτο, το Gericht aus Korfu
σπείρα, η die Bande
στέκομαι (όρθιος) stehen (aufrecht)
στοιχείο, το der Beweis
συλλαμβάνω verhaften
συνοδεύω begleiten
σχεδιαστής μόδας, ο der Modenzeichner
σχολιάζω sich (kritisch) äußern
ταρίφα der Tarif
το διασκεδάζω an etwas Spaß haben

το σκάω abhauen, sich dünne machen
τραβάω σπιστόλι die Pistole ziehen
τροχονόμος, ο der Verkehrspolizist
τσιγαρίζω braun braten
υπόθεση, η der Fall
υποψία, η der Verdacht
υποψιάζομαι den Verdacht haben, verdächtigen
φανταχτερός glänzend
χαζεύω (τις βιτρίνες) schaufensterbummeln
ψιλοκόβω klein hacken
ψυχρός kalt

ΜΕΡΟΣ ΠΡΩΤΟ

Λίλιαν Τόμας   52

1. Λ   2. Σ   3. Σ   4. Λ

Στο ατελιέ του Καπλάνη   52

1. Λ   2. Λ   3. Σ   4. Λ

Μια πρόσκληση   52

1. Λ   2. Λ   3. Σ   4. Λ

Τι κρύβει ο Καπλάνης;   53

1. Λ   2. Σ   3. Λ   4. Σ

Ένα ουζάκι με μεζέ   53

1. Λ   2. Σ   3. Σ   4. Λ

ΜΕΡΟΣ ΔΕΥΤΕΡΟ

Στην επίδειξη μόδας   53

1. Σ   2. Λ   3. Σ   4. Λ

Άσπρη σκόνη   53

1. Λ   2. Σ   3. Σ   4. Λ

Μαρινέλα   54

1. Λ   2. Σ   3. Λ   4. Σ

ΜΕΡΟΣ ΤΡΙΤΟ

---

1. Σ   2. Σ   3. Σ   4. Λ   5. Λ   6. Σ
7. Λ   8. Σ

1. Λ   2. Σ   3. Λ   4. Σ   5. Λ   6. Σ   7. Σ

ΑΣΚΗΣΕΙΣ ΠΑΝΩ ΣΕ ΟΛΑ ΤΑ ΚΕΦΑΛΑΙΑ

Α. ντετέκτιβ, ρακή, υπόθεση, ατελιέ, χαλί, γλυπτά
Β. μίζες, συνταγές, εμπόρους, πιστόλι
Γ. ρετιρέ, κέντρο, κλειστή, γνωρίσει, πολιτικό

ΠΕΡΙΕΧΟΜΕΝΑ

ΜΕΡΟΣ ΠΡΩΤΟ

ΜΕΡΟΣ ΔΕΥΤΕΡΟ

ΜΕΡΟΣ ΤΡΙΤΟ